PIANO • CANTO • GUITARRA

PIANO • VOCAL • GUITAR

T0040790

¡PURO BRAZILIAN!

The publishers acknowledge Tony Gimbel, President of Gimbel Music Group, Inc. for his assistance in compiling this book.

ISBN 0-634-06074-0

HAL•LEONARD® CORPORATION

7777 W. Bluemound Rd. P.O. Box 13819 Milwaukee, WI 53213

ÁGUA DE BEBER
(Water to Drink)

English Words by NORMAN GIMBEL
Portuguese Words by VINICIUS DE MORAES
Music by ANTONIO CARLOS JOBIM

Em7
Em11
A13
I need your love or I will die.
The rain can fall up - on the sea.
Dmaj7
D6/9
C♯9
C9♯11
My ver - y life is
The rain can fall up -
Bm7
B♭13
D6/A
D7♯9
C♯7♯9
in your pow - er. Will I
on the flow - er. Since the
C♯7♭9
F♯7(sus4)
Bm7
with - er and fade or bloom to the sky?
rain has to fall let it fall on me.

B7
N.C.
E7
Em6
Ág - ua de be - ber,
Ág - ua de be - ber,
Give the flow - er wa -
Ág - ua de be - ber
Bm7
2 fr
B7
N.C.
E7
- ter to drink.
ca - ma - rá.
Ág - ua de be - ber,
Ág - ua de be - ber,
Em6
1
Bm7
2 fr
Give the flow - er wa -
Ág - ua de be - ber
- ter to drink.
The rain can fall
2
Bm7
2 fr
F♯m7♭5
4 fr
Bm7
2 fr
Bm/A
- ter to drink.
ca - ma - rá.

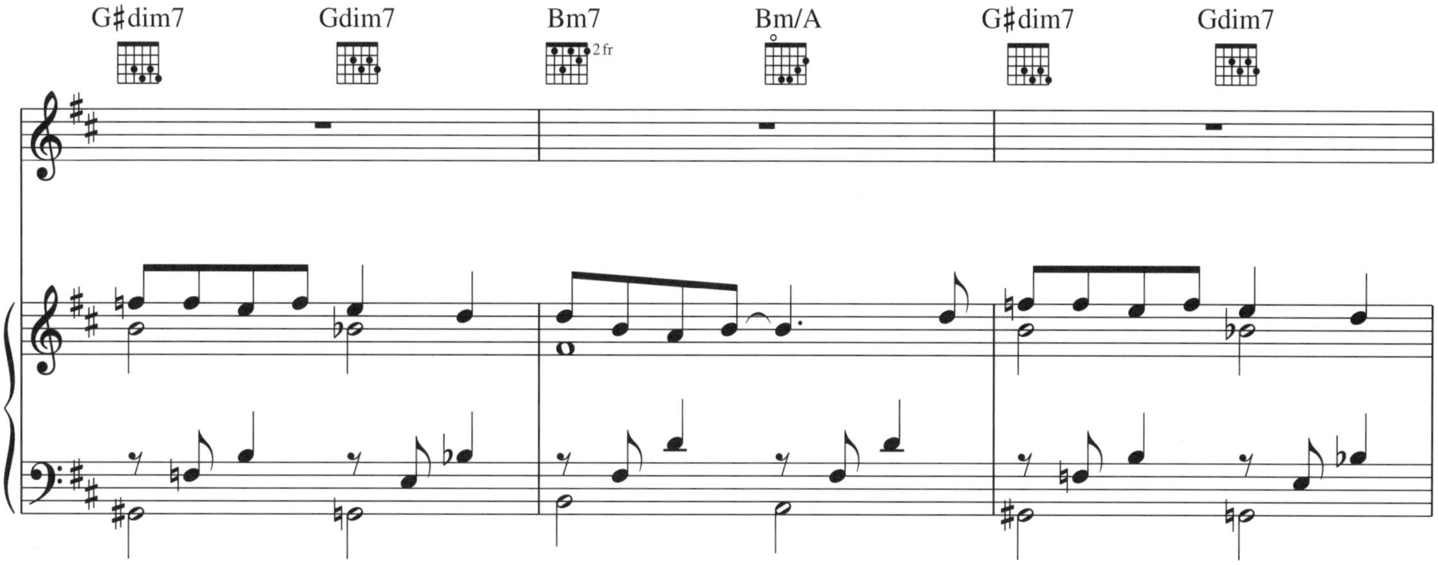

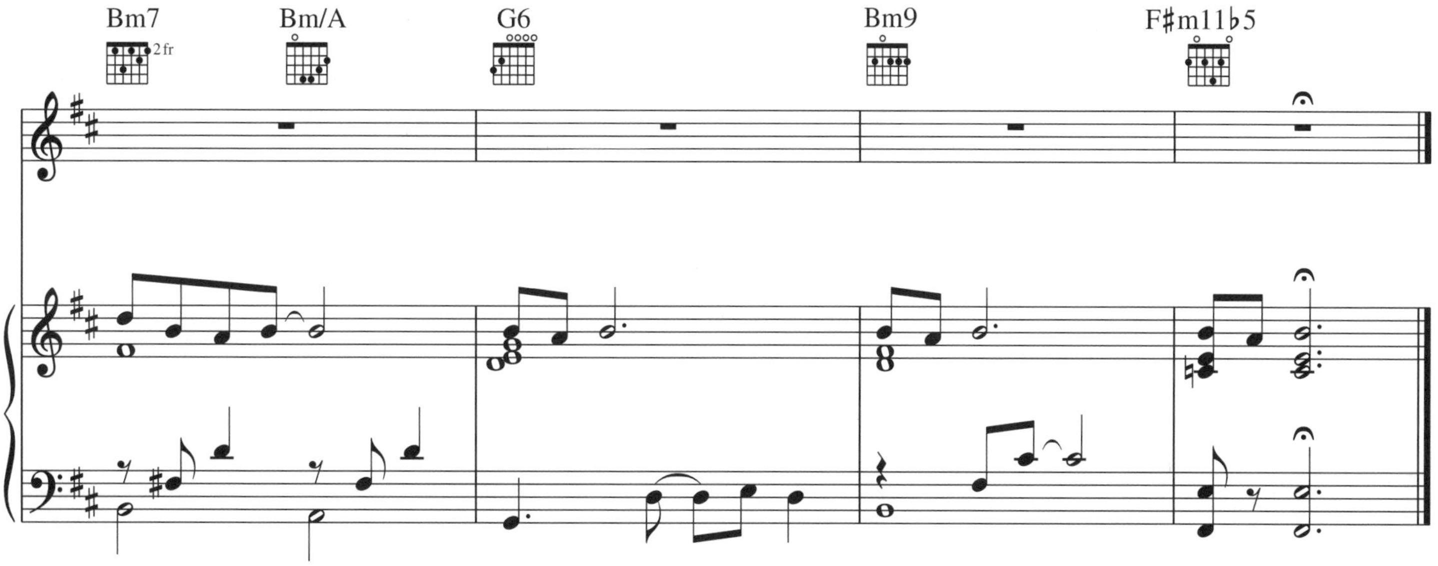

Portuguese Lyrics

Eu quis amar mas tive medo.
E quis salvar meu corração.
Mas o amor sabe um segredo.
O medo pode matar o teu coração.

Água de beber,
Água de beber camará.
Água de beber,
Água de beber camará.

Eu nunca fiz coisa tão certa.
Entrei pra escola do perdão.
A minha casa vive aberta.
Abre todas as portas do coração.

Água de beber...

Eu sempre tive uma certeza,
Que só me deu desilusão.
É que o amor é uma tristeza.
Muita mágoa demais para um coração.

Água de beber...

BAIA
(Bahía)

Music and Portuguese Lyric by ARY BARROSO
English Lyric by RAY GILBERT

A♭maj7
A♭7
4fr
A♭m6
4fr
long to see keeps haunt-ing my rev - er - ie,
di - nho, oi! Fi - ca en - ve - ne - na - do, oi!
men - to, oi! Na de - ses - pe - ran - ça, oi!
D♭9
E♭
3fr
E♭maj7
3fr
E♭6
and so the lone - li - ness deep in my heart calls to
E pro res - to da vi - da é um tal de so - fer. Ô la -
De en - con - trar pr'e - sse mun - do o a - mor que eu per - di na Ba -
E♭7
To Coda
F7
you, calls to you.
rá, ô le - rê.
ia. Vou con - tar.
B♭7
E♭6
Edim7
B♭7
3
I live in the mem - 'ry of man - y dreams a - go,
Na bai - xa do sa - pa - teiro. En - con - trei um dia,

E♭/G
G♭dim7
when the stars were bright and you were mine a-
A mu-la-ta mais fra-jo-la da Ba-
Fm
C7/G
Fm/A♭
N.C.
Fm
B♭7
lone. My love for you can-not die,
ia. Pe-di um bei-jo, não deu!
Fm7
B♭7
E♭
E♭7
though the o-ceans run dry or heav-ens
Um a-bra-ço, so-rriu! Pe-di a
D7
G7
fall from the sky. Now you're gone!
mão, não quiz dar! Fu-giu!

B♭7
E♭
Ba - i - a, can't you
Ba - i - a, te - rra
Gm
Edim7
hear my lone - ly call? "Mo -
da fe - li - ci - dade, Mo -
Fm
re - na," make my
re - na. Eu an - do
A♭7
G7
C7
life com - plete a - gain!
lou - co de sau - dade!

C7♭9
Fm
How I pray for the day when
Meu Sen - hor do Bom - fim, a -
C♭dim7
E♭
3fr
F7
B♭7
I'll see your smile and my heart will beat a -
rran - je um mo - re - na i - gual - zi - nha pra
E♭7
D.S. al Coda
gain.
mim.
CODA
you.
rê.
tar.
rit.

ÁGUAS DE MARÇO
(Waters of March)

Words and Music by
ANTONIO CARLOS JOBIM

Am6/F♯
5 fr
Fm(maj7)
C6(add9)/G
it is night, it is death, it's a trap, it's a gun. The oak when it blooms,
C7/G
D7/F♯
Fm6
a fox in the brush, the knot in the wood, the song of a thrush,
C6(add9)/G
Gm7
3 fr
C7
D7/F♯
the wood of the wind, a cliff, a fall, a scratch, a lump,
Fm(maj7)
Fm6
C6(add9)/G
C7/G
C7
it is noth - ing at all. It's the wind blow-ing free, it's the end of the slope,

Am6/F♯
Fm6
C6(add9)/G
it's a beam, it's a void, it's a hunch, it's a hope, And the riv - er - bank
C7/G
Am6/F♯
Fm6
talks of the Wa - ters of March. It's the end of the strain, it's the joy in your heart.
C6(add9)/G
C/B♭
Am6
The foot, the ground, the flesh and the bone, the beat of the road,
Fm6/A♭
C6(add9)/G
C/B♭
a sling - shot stone, a fish, a flash, a sil - ver - y glow,

D7/F♯
Fm6
C6(add9)/G
a fight, a bet, the range of a bow, the bed of the well,
C/B♭
Am6
Fm6/A♭
the end of the line, the dis-may in the face, it's a loss, it's a find.
C6(add9)/G
C/B♭
Am6
Fm6/A♭
A spear, a spike, a point, a nail, a drip, a drop, the end of the tale,
Cmaj7/G
Gm9/C
D13/F♯
a truck-load of bricks in the soft morn-ing light, the shot of a gun

B♭13/F
Cmaj7/G
C/B♭
in the dead of the night. A mile, a must, a thrust, a bump,
Am6
Fm6/A♭
C6(add9)/G
it's a girl, it's a rhyme, it's a cold, it's the mumps. The plan of the house,
Gm7
C9
D/C
Fm/C
the bod - y in bed, and the car that got stuck, it's the mud, it's the mud.
C6/G
Gm7/C
C7
D7/C
A float, a drift, a flight, a wing, a hawk, a quail,

Fm6(add9)/C
Cmaj7
C7/G
the prom - ise of spring, and the riv - er - bank talks of the wa - ters of March.
Am6/F♯
5 fr
Fm(maj7)
Fm6
C6
It's the prom - ise of life, it's the joy in your heart.
F♯/E
E♭/D♭
C/B♭
Am6
5 fr
Fm6/A♭
6 fr

Cmaj7/G
G♭7♭5
Fmaj7
Fm6
C6
C/B♭
Am6
5 fr
Fm6/A♭
6 fr
Cmaj7/G
C/B♭
Am6
5 fr
A snake, a stick, it is John, it is Joe, it's a thorn in your hand,
Fm6/A♭
6 fr
C6(add9)/G
C/B♭
Am6
5 fr
and a cut on your toe. A point, a grain, a bee, a bite, a blink, a buz-zard,

Fm6/A♭
6 fr
C6(add9)/G
C/B♭
Am6
5 fr
a sud-den stroke of night. A pin, a nee-dle, a sting, a pain, a snail, a
Fm6/A♭
6 fr
Cmaj7/G
Cm7
3 fr
rid-dle, a wasp, a stain, a pass in the moun - tains, a horse and a mule,
D/C
Fm6/C
6 fr
C
in the dis-tance the shelves rode three shad-ows of blue, and the riv - er-bank
Cm7
3 fr
D/C
D♭/C
talks of the wa-ters of March. It's the prom-ise of life, in your heart, in your heart.

C/G
C
C/B♭
Am6
5fr
Fm6/A♭
6fr
A stick, a stone, the end of the load, the rest of a stump, a lone - some road,
C6(add9)/G
Gm7
3fr
C7
D13/C
4fr
a sli - ver of glass, a life, the sun, a night, a death,
Fm6
G♯dim/C
4fr
Cmaj7/G
Gm7
3fr
C7
the end of the run, and the riv - er - bank talks of the wa - ters of March.
D13/C
4fr
Fm6
C6(add9)
It's the end of all strain, it's the joy in your heart.
3

Gm7/C
D/C
Fm6
Cmaj7
Gm9
C7
D/C
Fm6
Cmaj7
Cm7/G
3 fr
D/G
D♭/C
C
8va

Portuguese Lyrics

É pau, é pedra, é o fim do caminho.
É um resto de toco, é um pouco sozinho.
É um caco de vidro, é a vida, é o sol.
É a noite, é a morte, é o laço é o anzol.
É peroba do campo, é o nó na madeira.
Caingá, candeia, é o matita - pereira.

É madeira de vento, rombo da ribanceira.
É o mistério profundo, é o queira ou não queira.
É o vento ventando, é o fim da ladeira.
É aviga, é o vão, festa da cumeeira.
É a chuva chovendo, é conversa ribeira.
Das águas de março, é o fim da canseira.

É o pe, é o chão, é a marcha estradeira.
Passarinho na mão, pedra de atiradeira.
É uma ave no céu, uma ave no chão.
É um regato, é uma fonte, é um pedaço de pão.
É o fundo do poço, é o fim do caminho.
No rosto o desgosto, é um pouco sozinho.

É um estrepe, é um prego, é uma ponta, é um ponto.
É um pingo pingando, é uma ronta, é um conto.
É um peixe, é um gesto é uma prata brilhando.
É a luz de manhã, é o tijolo chegando.
É a lenha, é o dia, é o fim da picada.
É a garrafa de cana, o estilhaço na estrada.

É o projeto da casa, é o corpo na cama.
É o carro enguiçado, é a lama, é a lama.
É um passo, é uma ponte, é um sapo, é uma rã.
É um resto de mato na luz da manhã.
São as aguas de março fechando o verão.
É a promessa de vida no teu coração.

É pau, é pedra, é o fim do caminho.
É um resto de toco, é um pouco sozinho.
É uma cobra, é um pau, é João, é José.
É um espinho na mão, é um corte no pé.
São as águas de março fechando o verão.
É a promessa de vida no teu coração.

É pau, é pedra, é o fim do caminho.
É um resto de toco, é um pouco sozinho.
É um passo, é uma ponte, é um sapo, é uma rã.
É um belo horizonte, é uma febre terçã.
São as águas de março fechando o verão.
É a promessa de vida no teu coração.

É pau, é pedra é o fim do raminho.
É um resto de toco, é um pouco sozinho.
É um caco de vidro, é a vida, é o sol.
É a noite, é a morte, é o laço, é o anzol.
São as águas de março fechando o verão.
É a promessa de vida no teu coração.

BRAZIL

Original Words and Music by ARY BARROSO
English Lyrics by S.K. RUSSELL

and a kiss has art in it, for you put
Ô Bra - sil, do meu a - mor, te - rra de
el Bra - sil, de mi a - mor, tie - rra de
G G+ G6 G+ Am Am♯5
your heart in it. And so
nos - so Sen - hor. Bra - sil!
Nues - tro Se - ñor! ¡Bra - sil!
Am6 Adim7 G G+ G6 G+ Am Am♯5
I dream of old
Pra mim! Pra mim.
¡Bra - sil! A mí.
Am6 D7 G G+ G6 G+ G G+
Bra - zil, where hearts were
Ô A - bre a cor -
¡Oh, e - sas pal -
3fr
5fr

G6 G+ Am Am♯5 Am6 F/A Am F/A
en - ter - tain - ing June, we stood be -
ti - na do pas - sa - do. Ti - ra mãe
me - ras mur - mu - ran - tes, don - de yo
Am6 F/A Am Am♯5 Am6 F/A Am Am♯5
neath an am - ber moon and soft - ly
pre - ta do ser - ra - do. Bo - ta o rei
cuel - go mi ha - ma - ca, en no - ches
Am6 Am Cm6/A G G+ G6 G+ Am Am♯5
mur - mured, "Some - day soon." We kissed
gon - go no con - ga - do! Bra - sil!
lle - nas de es - plen - dor! ¡Bra - sil!
Am6 Adim7 Gmaj7 G7 G♭7 F7 E7
and clung to - geth - er, then
Bra - sil! Deixa,
¡Bra - sil! ¡Oh,

Dm/F
F/E♭
E7
to - mor - row was an - oth - er day.
Can - tar de no - vo o tro - va - dor,
en e - sas fuen - tes cris - ta - li -
Dm/F
F/E♭
E7
The morn - ing
a me - ren -
- nas don - de la
found me miles a - way,
co - ria luz da lua,
lu - na va a mi - rar - se
Dm/F
F/E♭
E7
with still a mil - lion things to say.
to - da a can - ção do meu a - mor.
don - de yo mi - ti - go mi sed!
Am
Am♯5
5fr

Am6
Am♯5
Am
Am♯5
Now,
Quero
¡Oh,
Am
Cm
F/E♭
G
when twi - light dims the sky a - bove,
ver a "sá do - na" ca - mi - nhando,
e - se Bra - sil lin - do y mo - re - no,
G/B
B♭dim7
re - call - ing thrills of our love,
pe - los sa - lões ar - ras tan -
es el Bra - sil bra - si - le -
Am7
Am
E♭9
D7
C/D
there's one thing I'm cer - tain of:
do, o seu ves - ti - do ren - da -
ro, tie - rra de sam - ba y can - cio -

G G+ G6 G+ Am Am♯5 Am6 Adim7
3fr 3fr 5fr
Re - turn I
- do. Bra - sil! Bra -
- nes! ¡Bra - sil! ¡Bra -
G G+ G6 G+ Am Am♯5 Am6 Adim7
will to old Bra -
sil! Pra mim, pra
sil! A mí, a
1
G G+ G6 G+ Am Am♯5 Am6 D7
zil. Bra -
mim.
mí.
2
G G+ G6 G+ G G+ G6 G6/9
zil.
mim.
mí.

CHEGA DE SAUDADE
(No More Blues)

English Lyric by JON HENDRICKS and JESSIE CAVANAUGH
Original Text by VINICIUS DE MORAES
Music by ANTONIO CARLOS JOBIM

C7♭9
Fm
a e - la, que sem e - la não pode
no more blues, I prom - ise no more to
C7
Fm
G7
ser. Diz - lhe nu - ma
roam. Home is where the
Cm
3 fr
B♭m7
pre - ce, que ela re - gres - se,
heart is; the fun - ny part is
D♭9
C7
C7♭9
por - que eu não pos - so mais so - frer.
my heart's been right there all a - long.

Fm
G7
Che - ga de sau - da - de
No more tears and no more
C7♭9
Fm
a re - a - li - da - de é que sem
sighs, and no more fears, I'll say
E7
F7
B♭m
e - la não há paz. Não há be - le - za,
no more good - byes. If trav - el beck - ons
C7
Fm
C7
Fm
é só tris - te - za e a me - lan - co - lia que não
me I swear I'm gon - na re - fuse. I'm gon - na

G7 C7 C7♭9 Fm B♭m
sai de mim, não sai de mim, não sai.
set - tle down and there'll be no more blues.
C7 Fmaj7 D7♯5 D7
Mas, se e - la vol -
Ev - 'ry day while
G9 Gm7 3fr C9 C7
tar, se e - la vol - tar, que coi - sa lin - da,
I am far a - way my thoughts turn home - ward,
E7 F Fmaj7 A♭dim 4fr
que coi - sa lou - ca. Pois há me - nos pei - xin -
for - ev - er home - ward. I trav - elled 'round the world

Gm7
3fr
G9
- hos a na - dar no mar, do que os bei -
in search of hap - pi - ness, but all my hap -
B♭m
C7♭9
jin - hos que eu darei na su - a bo - ca.
- pi - ness I found was in my home - town.
C7
F
Dm7
G7
No more blues, I'm goin' back
A
A7
home. No, no more dues, I'm through with all my wan -

Cm7
3 fr
F7♭9
B♭maj7
B♭m7
- d'rin'. Now I'll set - tle down and
live my life and build a home and find a wife.
nev - er roam and find a man and make a home.
Am7
D7
D7♯5
G7
C11
when we set - tle down there'll be no more blues,
Am7
D7
noth - in' but hap - pi - ness. When
G7
C11
C11♭9
F
we set - tle down there'll be no more blues.

CHEGANÇA
(The Great Arrival)

Music and Original Words by
OSWALDO VIANA FILHO and EDU LOBO
English Words by NORMAN GIMBEL

B/A A B/A
gan - do de a - qui de a - li, de to - do lu - gar que se têm pra par -
A B/A A
tir. Es - ta - mos che - gan - do de a - qui de a - li, de to - do lu - gar
B/A A G/A
3fr
que se têm pra par - tir. Es - ta - mos che - gan - do de a - qui de a -
A G/A A
3fr
3
li, de to - do lu - gar que se têm pre par - tir. (Es - ta - mos che -
Instrumental

B/A
A
B/A
gan - do de a - qui de a - li, de to - do lu - gar que se têm pra par -
A
D♯m7♭5
G♯7
C♯m7
F♯7
tir.) Tra - zen - do na che - gan - ça,
Bm7
E
A
B/A
foi se vel - ha a mul - her no - va. E u - ma cua - dra de es - pe -
A
B/A
A
ran - za. E u - ma cua - dra de es - pe - ran - za. (Tra -

D♯m7♭5 G♯7 C♯m7♭5 F♯7 Bm7 E7
zen - do na che - gan - ça, foi se vel - ha a mul - her
A B/A A
no - va. E u - ma cua - dra de es - pe - ran - za. E u - ma
B/A A Em7
cua - dra de es - pe - ran - za.
Instrumental ends
Ah,
A7 G♯m7 C♯7
se vi - ver fos - se che - gar.

F♯m7
D♯m7♭5
6fr
Bm7
Ah, se vi - ver fos - se che - gar.
E7
A
G/A
3fr
Che - gar sem pa - rar, pa - rar pra ca -
A
G/A
3fr
A
- sar. Ca - sa - ria os fil - hos e es - pal - har por um mun - do um
G/A
3fr
A
B/A
tal de ro - dar, por um mun - do um tal de ro - dar,

A
B/A
A/G
G
A/G
por um mun - do um tal de ro - dar.
G
A/G
G
A/G
B/A
A/G
G
A/G
G
A/G
G
1
A/G
B/A
A/G
2
A/G
B/A
A/G
rit.

THE CONSTANT RAIN
(Chove Chuva)

Original Words and Music by JORGE BEN
English Words by NORMAN GIMBEL

Cm/A
F7
B♭
B♭/A
Gm
con - stant is the rain.
Cho - ve chu -
cho - ve sem pa - rar.
Cho - ve chu -
Cm
Cm/B♭
Cm/A
F7
B♭
B♭/A
- va,
end - less is the pain.
- va,
cho - ve sem pa - rar.
Gm
Cm7
F7sus
F7
As I stand here and re - mem - ber
that once, our hearts were
Pois eu vou fa - zer u - ma pre - ce
pra Deus nos - so Se -
B♭
Cm7
one.
And ev' - ry day was spring to me.
till he you she
nhor,
pra chu - va pa - rar
de mo

F7
Bb6
Cm7
F7
3 fr
left and took a - way the sun. Now the days are lone - ly, the song of love is
lhar o meu di - vi - no a - mor. Que é mui - to lin - do é mais que o in - fi
Cm7
F7
Cm7
F7
Bb
still. They say that I'll for - get her you him but I say I nev - er will. And it hurts with such a
ni - to é pu - ro é be - lo i - no - cen - te co - mo a flor. Por fa - vor chu - va ru -
Cm7
F7sus
F7
Bb6
pain to be a - lone, and lone - ly in the rain.
im nao mo - lhe mais o meu a - mor as - sim.
Gm
Cm7
F7
And it hurts with such a pain to be a - lone, and lone - ly in the
Por fa - vor chu - va ru - im nao mo lhe mais o meu a - mor as -

B♭ Gm Cm Cm/B♭
rain. Cho - ve chu - va,
si - im. Cho - ve chu - va,
Cm/A F7 B♭ B♭/A Gm
con - stant is the rain. Cho - ve chu -
cho - ve sem pa - rar. Cho - ve chu -
Cm Cm/B♭ Cm/A F7
- va, end - less is the
- va, cho - ve sem pa -
1
B♭ B♭/A
pain.
rar.
Gm
Cho - ve chu - pain.
Cho - ve chu - rar.
2
B♭ Gm6/9
L.H.

DEIXA
(Let Me)

Music by BADEN POWELL
English Lyrics by NORMAN GIMBEL

F♯7♯9
Bm
Gmaj7
co - ra - ção fa - lar tam - bém por - que ê - le têm
G♯m7♭5
D/A
D
F♯m
C♯7
ra - zão de mais quan - do se quei - xa Então a gen - te. Dei - xa,
F♯m
F♯7♯5
Bm7
Em7
dei - xa, dei - xa. Dei - xa, nin - guém
A7
Dmaj7
D7
G♯m7
vi - ve mais do que u - ma vez. Dei - xa,

Em7
F♯7♯9
3fr
Bm7
diz que sim pra não di - zer tal - vez.
C♯7
F♯7
Bm
Dei - xa, a pai - xão tam - bém ex - is - te.
G♯dim/B
Fdim7
Em6
Dei - xa, não me
F♯7
1
Bm
2
Bm
dei - xes fi - car tris - te.
- te.

DESAFINADO
(Off Key)

English Lyric by GENE LEES
Original Text by NEWTON MENDONÇA
Music by ANTONIO CARLOS JOBIM

Bossa Nova tempo
Amaj7
Ab7#5
G
Gb7b5
F
When I come a - round, must you al - ways put me down? If you say my sing -
Se vo - cê dis - ser
mf
G7b5
- ing is off key, my love,
que eu de - sa - fi no a - mor,
Gm7
3 fr
C7
Am7b5
you will hurt my feel - ings, don't you see, my love?
sai - ba que is-to em mim pro - vo - ca i - men - sa dôr.
3
D7b9
4 fr
Gm7
3 fr
A7b9
6 fr
I wish I had an ear like yours, a voice
Só pri - vi - le - gi - a dos têm ou - vi -

Dmaj7
D7♭9
4 fr
G7
that would be - have.
do i - gual ão seu.
All I have is feel -
Eu po - ssuo a pe -
G♭maj7
G♭7♭5
- ing and the voice God gave.
- nas o que Deus me deu.
3
F
G7♭5
You in - sist my mu - sic goes a - gainst the rules.
Se vo - cê in - sis - te em cla - ssi - fi - car,
Gm7
3 fr
C7
Yes, but rules were nev - er made for love -
o meu com - por - ta - men - to de an - ti mu -

Am7♭5
D7♭9
4fr
Gm7
3fr
- sick fools; I wrote this lit - tle song
- si - cal. Eu mes - mo men - tin -
3
A7♯5
Dm7
E7
for you, but you don't care.
- do po - sso ar - gu - men - tar,
Amaj7
A♭7♯5
G
It's a crook-ed song, ah, but all my heart is there.
que is to é bo - ssa no - va, que is - to é mui - to na - tu - ral.
G♭7
Amaj7
A♯dim7
The thing that you would see if you would play
O que vo - cê não sa - be nem se quer

Bm7
2 fr
E7♭9
Amaj7
your part is e - ven if I'm out
pre - ssente, é que os de - sa - fi - na -
Am7
Bm7♭5
B♭7♭5
of tune I have a gen - tle heart. I took
- dos tam - bem têm co - ra - ção. Fo - to -
Cmaj7
C♯dim7
Dm7
your pic - ture with my trust - y Rol - lei - flex.
- gra - fei vo - cê na mi - nha Rol - lei - flex.
G13
2 fr
Gm7
3 fr
E♭m6
And now all I have de - vel - oped is a com -
Re - ve - lou - se a su - a e - nor me in - gra - ti - dão.

Gm7
3 fr
C7♭9
F
- plex.
Pos - si - bly in vain,
Só não po - de - rá
G7♭5
I hope you weak - en, oh my love.
fa - lar a - ssim do meu a - mor.
Gm7
3 fr
C7
And for - get those rig - id rules that un -
É - le é o ma - ior que vo - cê po -
Am7♭5
D7♭9
4 fr
B♭maj7
- der - mine my dream of a life of love and mu -
- de en - con - trar "viu." Vo - cê com a sua mú -

B♭m6
Am7
A♭dim7
-sic with some-one who'll un-der-stand. That e-ven
-si-ca es que ceu o prin-ci-pal. É que no
G7
G♭maj7
though I may be out of tune when I at-tempt to say how much I love
pei-to dos de-sa-fi-na-dos no fun-do do pei-to ba-te ca-la-
G7
you, all that mat-ters is the mes-sage that I
-do, é que no pei-to dos de-sa-fi-na-
Gm7
C7
F
C7♭9
F6
Fmaj7♯11
bring, which is: My dear one, I love you.
-dos tam-bém ba-te um co-ra-ção!

THE GIRL FROM IPANEMA
(Garôta De Ipanema)

Music by ANTONIO CARLOS JOBIM
English Words by NORMAN GIMBEL
Original Words by VINICIUS DE MORAES

G7
a sam - ba that swings so cool and sways so gen - tle, that when
Gm7
Gb7
Fmaj7
she pass - es, each one she
he pass - es, each girl he
pass - es goes "a-a-h!"
Gbmaj7
Oh, but I watch her so
him
3
Cb9
F#m7
sad - ly. How

D9
4fr
can I tell { her / him } I love { her? / him? } Yes,
Gm7
E♭9
I would give my heart glad - ly,
Am7
D7♭9
4fr
but each day when { she / he } walks to the sea, { she / he }
Gm7
C7♭9
Fmaj7
looks straight a - head not at me. Tall and tan and young

G7
and love - ly, the girl
hand - some, the boy
from I - pa - ne - ma goes walk - ing, and when
Gm7
Gb7
Fmaj7
she
he
pass - es I smile,
but
she
he
does - n't see.
1
Gb7
2
Gb7
Fmaj7
She
He
just does - n't see.
Gb7
Fmaj7
Gb7
Fmaj7
No,
she
he
does - n't see.
rit.

HOW INSENSITIVE
(Insensatez)

Music by ANTONIO CARLOS JOBIM
Original Words by VINICIUS DE MORAES
English Words by NORMAN GIMBEL

B♭6
E♭maj7
How un - moved and cold
Vague and drawn and sad,
Em7♭5
A7
I must have seemed when {he / she} told me so sin - cere -
I see it still, all {his / her} heart - break in that last
Dm
F7/C
- ly. Why,
look. How,

Bdim7
B♭maj7
— {he / she} must _ have asked, — did I — just turn — and
— {he / she} must _ have asked, — could I — just turn — and
Gm6
3 fr
Dm
Cm7
3 fr
stare in i - cy si - lence? — What —
stare in i - cy si - lence? — What —
F7
Bm7
2 fr
E7
— was I — to say? — What can — you say —
— was I — to do? — What can — one do —

Portuguese Lyrics

A insensatez,
Que você fez,
Coração mais sem cuidado.
Fez chorar de dôr,
O seu amôr,
Um amôr tão delicado.
Ah! Porque você
Foi fraco assim,
Assim tão desalmado.
Ah! Meu coração
Que nunca amou,
Não merece ser amado.
Vai meu coração.
Ouve a razão,
Usa só sinceridade.
Quem semeia vento,
Diz a razão.
Colhe tempestade.
Vai meu coração.
Pede perdão,
Perdão apaixonado.
Vai, porque
Quem não
Pede perdão,
Não é nunca perdoado.

JAZZ 'N' SAMBA
(Só Danço Samba)
from the film COPACABANA PALACE

English Lyric by NORMAN GIMBEL
Original Text by VINICIUS DE MORAES
Music by ANTONIO CARLOS JOBIM

C6
D9
jazz 'n' sam - ba, the jazz 'n' sam - ba, swing - in' soft and low;
dan - ço sam - ba, só dan - ço sam - ba. Vai, vai, vai, vai, vai!
D9#11
G7
G11
G9
C6
the jazz 'n' sam - ba, the jazz 'n' sam - ba, go!
Só dan - ço sam - ba, só dan - ço sam - ba. Vai!
C6/9
C+(add9)
C7#5
C7
Gm7
C13
Jet from Ri - o, non -
Já dan - cei o twist
C7#5
F6
stop U. S. A.
a - té de - mais.

Am D11 D7 Am7 D7 G7
This new sound came one day, and it's clear that it's here to stay.
mas não sei, me can - sei, do ca - lyp - so e cha cha cha.
G+ C6 D9
It's jazz 'n' sam - ba, it's so re-fresh - ing, like a new per - fume;
Só dan - ço sam - ba, só dan - ço sam - ba. Vai, vai, vai, vai, vai!
D9♯11 G7 G11 G9 G9♭5
it's jazz 'n' sam - ba, it's jazz 'n' sam - ba,
So dan - ço sam - ba, so dan - ço sam - ba.
1 C6/9 G13♭9 G7 2 C6/9
ummm! The ummm!
Vai! So Vai!
8va

LET GO
(Canto De Ossanha)

Original Words by VINICIUS DE MORAES
Music by BADEN POWELL
English Words by NORMAN GIMBEL

E7/D
Gm7/D
3fr
tells you stay cool. The shout you would let out, hold back.
Dm
E7/D
You're right now, but right now, hold back. Be prac - ti - cal,
Gm7/D
3fr
Dm7
Jack, and hold back. You feel like you're bust - ing in - side,
E7/D
Gm7/D
3fr
Dm
N.C.
your heart's in a des - p'rate di - vide. Hold back, hold back, let
Why why, why, why hold

E7
E♭maj7
Dm
go, hold back, hold back, let go, hold back,
back, why, why, why, why hold back, why, why,
E7
E♭maj7
hold back, let go, hold back, hold back. Let
why, why hold back, why, why, why, why? Let
D
Dmaj7
D6
(1.,3.) go! Let the world know you're a - live, let the
(2.,4.) Go! Tell it in the cit - y. Go! Tell it
C/D
Bm/D
Gmaj7
1, 3
G
world know you be - lieve, let the world know you have love
on the moun - tain. Go! Tell it

2, 4
To Coda
Em7
A7
G/A
Dm7
Eb6
Dm
E7/D
Gm7/D
3fr
to give.
loud un - til they hear.
So - ci - e - ty tells you hold back.
The shout you would let out, hold back.
You're right now, but right now, hold back.
Be prac - ti - cal,
Jack, and hold back.
You feel like you're bust - ing in - side,

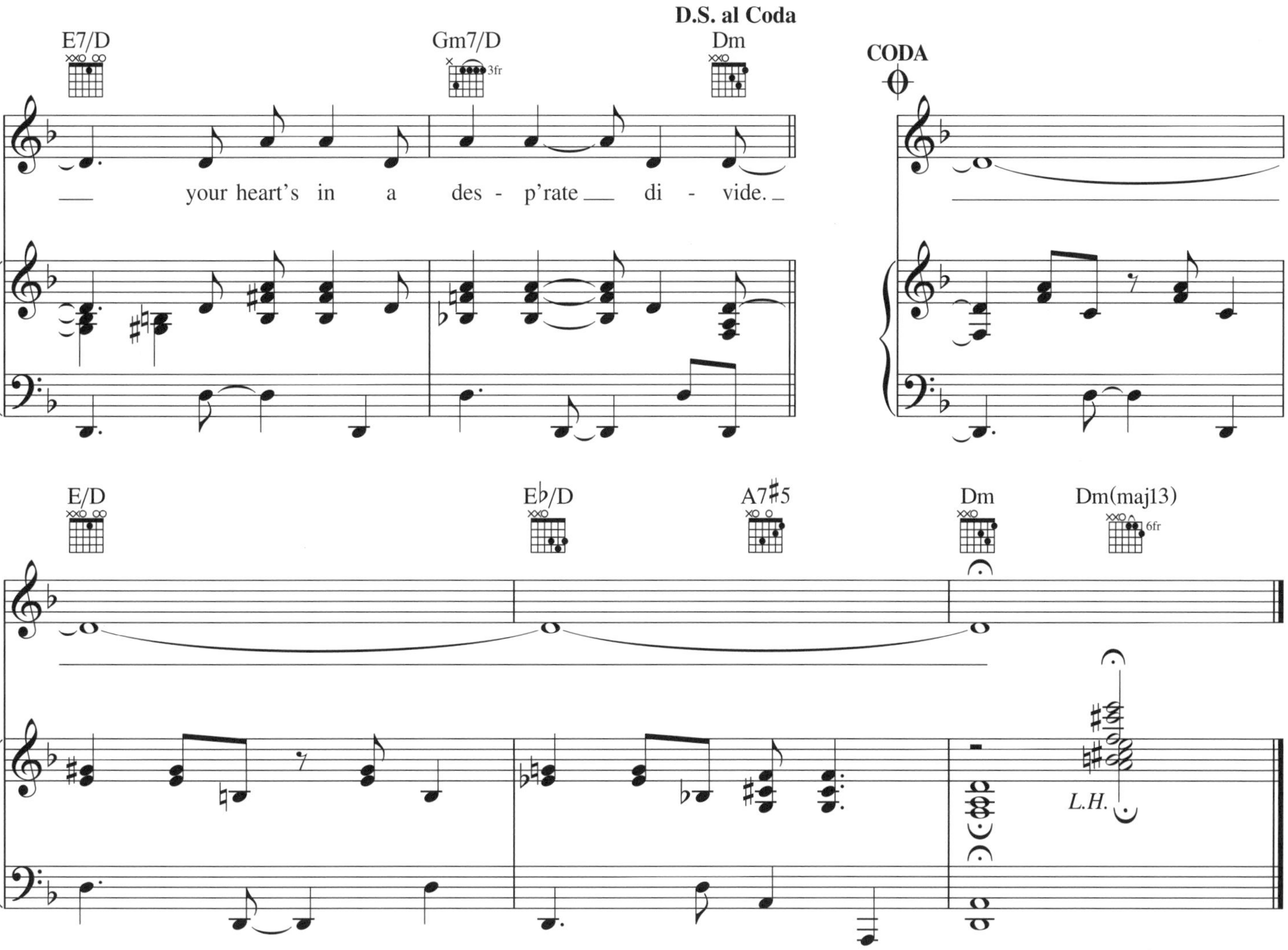

Portuguese Lyrics

O homen que diz dou não dá
Por que quem dá mesmo não diz.
O homen que diz vou não vai
Porque quando foi não quiz.

O homen que diz sou não é
Porque quem é mesmo é não sou.
O homen que diz dou não dá
Porque ninguém dá quando quer.

Coitado do homen que cai
No canto do Ossanha traidor.
Coitado do homen que vai
Atrás de mandinga de amor.

Vai vai vai vai, não vou.
Vai vai vai vai, não vou.
Vai vai vai vai, não vou.
Vai vai vai vai, não vou.

Eu não sou ninguém de ir
Em conversa de esquecer
A tristeza de um amor que passou.
Não, eu só vou se fôr pra ver

Uma estréla aparecer
Na manhâ de um nôvo amor,
Amigo senhor saravá,
Xangô me mandou lhe dizer,

Se é canto do Ossanha não vá,
Que muito vai se arrepender.
Pergunte pro seu orixá
O amor só é bom se doer.

Vai vai vai vai amar.
Vai vai vai vai sofrer.
Vai vai vai vai chorar.
Vai vai vai vai dizer.

Que eu não sou
Ninguém de ir
Em conversa
De esquecer
A tristeza
Do amor
Que passou.
Não eu só
Vou se fôr
Pra ver
Uma estréla aparecer
Na manhá de um
Nôvo amor.

Vai vai vai vai amar.
Vai vai vai vai sofrer.
Vai vai vai vai chorar.
Vai vai vai vai viver.

LUGAR BONITO
(Pretty Place)

Music by CARLOS LYRA
Portuguese Words by FRANCISCO DE ASISI
English Words by NORMAN GIMBEL

D7 Fm C F
Pé na es - tra - da ca - min -
C Gm7 C
han - do fe - li - ci - da - de bus - car. Vou se -
F C D7 Fm
guin - do meu ca - min - ho on - de e - u vou en -
C F C
con - trar.

D7 Fm6 C F
Lu - gar bo - ni - to, bo -
C Gm7 C
ni - to, de gen - te boa e fe - liz.
Lu - gar bo -
F C D7 Fm6
ni - to, bo - ni - to, do jei - to que eu sem -
C F C
pre quis.

Gm7
C
F
C
D7
Fm
1
C
2
C
Pé na es -
F
C
D7
Fm6
N.C.
Cmaj7

MAS QUE NADA

Words and Music by
JORGE BEN

Am
(sing cues 2nd time)
1. Ooh, when your
2. Ooh, I could
(1.,2.) Ô a - ri -
D7
Am
To Coda
eyes meet mine. Pow! Pow!
lose my mind. Ow! Ow!
á rai - ô ô - bá, ô - bá, ô -
1, 3
2
Pow!
bá.
Ow!
bá.
Em7
Am
G7/D
Em7
It's a feel - ing that be - gins to grow and grow and grow in - side
Mas que na - da, sai da mi - nha fren - te que eu que - ro pa -

Am G7/D Em7 Am
me till I feel like I'm gon - na ex - plode. Oh, this is
sar. Pois o sam - ba es - tá a - ni - ma - do, o que
E7 Am
what you do to me! Are your lips
eu que - ro é sam - bar. Es - se sam -
G Em7 Am
say - ing things that you feel in your heart?
ba, que é mis - to de ma - ra - ca - tú.
Dm G Em7
If your heart is beat - ing mad - ly, then let the mu - sic start.
É sam - ba de pre - to vel - lho, sam - ba de pre - to tu.

Am
G/D
Am
Hold me, hold me! It's
Mas que na - da, um
G7/D
Am
G7/D
heav - en, ooh, it's heav - en when you hold me. I want you night and
sam - ba co - mo es - se tã - o le - gal. Vo - cê não vai que -
Am
E7
Am
day. Ooh, I want you here to stay.
rer, que eu che - gue no fi - nal.
D.S. al Coda
(with repeat)
CODA
Am
Ow!
bá.

MEDITATION
(Meditacão)

Music by ANTONIO CARLOS JOBIM
Original Words by NEWTON MENDONÇA
English Words by NORMAN GIMBEL

Fm6
Em7
A7♯5
and the thought of you hold - ing me near makes my lone -
and the sad - ness that miss - ing you brings soon is gone
Dm7
G7♯5
Fmaj7
- li - ness soon dis - ap - pear.
and this heart of mine sings.
Yes,
Fm6
Em7
I love you so and that for me is all
E♭dim
6fr
Dm7
G7♯5
C
I need to know.
I

B7
will wait for you 'til the sun
C
Em7
A7♯5
falls from out of the sky for what else can I do?
Dm7
Fm7
Fm6
I will wait for you, med - i - tat -
Em7
A7♯5
Dm7
G7♭9
C
B♭9
Cmaj7
- ing how sweet life will be when you come back to me.

ONCE I LOVED
(Amor Em Paz)
(Love in Peace)

Music by ANTONIO CARLOS JOBIM
Portuguese Lyrics by VINICIUS DE MORAES
English Lyrics by RAY GILBERT

Am7 Fm7 B♭9♯5
world to me. Once, I cried
love a - gain. Now I know
E♭maj7 E♭6 Em7♭5 E♭9♯11
3 fr
5 fr
at the thought. I was fool-ish and proud and let you
that no mat - ter what - ev - er be - falls, I'll nev - er
1 Dmaj7 D7♯5 2 Dmaj7 G7
say good - bye.
let you go. I will hold you close.

Portuguese Lyrics

Eu amei, e amei ai de mim muito mais do que devia amar.
E chorei ao sentir que eu iria sofrer e me desesperar.

Foi então, que da minha infinita triztesa aconteceu você.
Encontrei, em você a razão de viver e de amar em paz
E não sofrer mais. Nunca mais.
Porque o amor é a coisa mais triste quando se desfaz.
O amor é a coisa mais triste quando se desfaz.

SLOW HOT WIND

(Lujon)

Words by NORMAN GIMBEL
Music by HENRY MANCINI

Emaj7
E♭maj7
3fr
E♭m7
6fr
G♭/A♭
3
like a cool drink wait - ing,
he
she
sat with slow fire in
his
her
D♭maj7
Cmaj7
Bm7
E7♭9
Am
eyes, just wait - ing.
Some days it's
Dm9
3fr
1
too warm to fight a slow hot wind.
2
wind, a slow, hot wind.
rit.
pp

SOMEONE TO LIGHT UP MY LIFE
(Se Todos Fossem Iguais A Você)

English Lyric by GENE LEES
Original Text by VINICIUS DE MORAES
Music by ANTONIO CARLOS JOBIM

A13 A7♯5 D9 Gm(maj7)
5fr 4fr 3fr
O - pen your arms and sing of all the hid - den hopes you've ev - er
A - bre teus bra - ços e can - ta a úl - ti - ma es - pe - rança. A es - pe -
Eb9♯5 Eb9 Abmaj7 Cm7 D7b9 D7
5fr 3fr 4fr
treas - ured and live out your life in
ran - ça di - vi - na de a - mar em
Gmaj7 Abdim Am7 Cm7 F7♯5(b9) Bbmaj7 Bb6
3fr 3fr 7fr
peace. Where shall I
paz. Se to - dos
Cm6 D7b9 Gm(maj7) Gm6 Fm(maj7) Bb9
3fr 4fr 3fr 3fr
look for the love to re - place you?
fos - sem i - guais a vo - cê,

E♭maj7
G7
Cm7
Some - one to light up my life.
que ma - ra - vi - lha vi - ver.
F13
F9♯5
Some - one with strange lit - tle ways,
U - ma can - ção pe - lo ar,
B♭6
Em7♭5
eyes like a blue au - tumn haze.
u - ma ci - da - de a can - tar,
Some - one with your laugh - ing
u - ma mu - lher a can -
Asus
A7
Dm7
G7
Cm7
F7
style, and a smile that I know will keep haunt - ing me end - less - ly.
tar a so - rrir; a pe - dir, a can - tar, a be - le - za - de a -

B♭maj7 B♭6 Cm6 D7♭9 Gm(maj7) Gm6
3fr 4fr 3fr 3fr
Some - times in stars or the swift flight of
mar, co - mo o sol co - mo a flor co - mo a
Fm(maj7) B♭9 E♭maj7 Dm7♭5 G7♭9
3fr
sea - birds, I catch a mo - ment of
luz. A - mar sem men - tir nem so -
E♭maj7 E♭6 E♭maj7 E♭6 D7 Gm Gm7
3fr 3fr 3fr
you. That's why I walk all a -
frer. E - xiz - ti - ria a ver -
Edim7 B♭/F Em7♭5 B♭/D G♭7/D♭
4fr
lone, search - ing for some - thing un - known.
dade, ver - da - de que nin - guem vê,

C9
Cm7/F
F7♭9
1
B♭
Bdim
Search-ing for some-thing or some-one to light up my life.
se to-dos fos-sem no mun-do i-guais a vo-cê.
Cm7
F7♯5(♭9)
2
G♭7/F♭
life.
cê.
A♭7/E♭
E7/D
G♭7/D♭
B♭maj13

SO NICE
(Summer Samba)

Original Words and Music by MARCOS VALLE
and PAULO SERGIO VALLE
English Words by NORMAN GIMBEL

D7♭9
Gm7
Em7♭5
A7♯5
life would be so nice
if one day I'd
Dm
Dm7
G13
Gm7
find
some - one who would take my hand and sam - ba through life
D♭9
C9
F
with me.
Some - one to cling to me, stay with me right or wrong,
Bm7
E7
B♭maj7
some - one to sing to me some lit - tle sam - ba song.
Some - one to take my heart,

B♭6
E♭9
then give his heart to me. Some-one who's read-y to give love a start with me.
Am7
D7♭9
4fr
Gm7
Oh yes, that would be so nice.
C7♭9
F
B♭9
Should it be you and me, I could see it would be
1
F6
Gm7
C7♭9
nice.
2
F6
E♭9
G♭maj7
Fmaj9
nice.

SONG OF THE JET

(Samba Do Avião)

from the film COPACABANA PALACE

English Lyric by GENE LEES
Original Text and Music by ANTONIO CARLOS JOBIM

C7#5
8fr
F13
- ing. Ri - o, my love, there by the sea,
Bb9
Bb7b9
Ebmaj7
3fr
Eb6
Ri - o, my love, wait - ing for me.
See the ca -
Stat - ue of
Gbdim7
4fr
Fm7b5
Bb7
Ebmaj9
Eb6
- ble cars that sway - a - bove the
the Sav - ior with o - pen arms a -
Eb+
Abmaj7
Abm6
4fr
Ab
4fr
Bay of Gua - na - ba - ra. Ti - ny sail - boats far
bove the yel - low sea - shore. Sug - ar Loaf in maj -

A♭m
E♭
G♭dim7
be - low
dance the sam - ba as they go.
- es - ty
climb - ing from a sil - ver sea,
A♭
A♭m
B♭m6
C7♯5
A♭m6
Shin - ing Ri - o, there you lie,
cit - y of sun, of sea
dark - eyed girls who smile at me,
cit - y of love and mys -
B♭13
B♭m6
B♭m7
C7
and sky,
mount - tains of green ris - ing so high.
- ter - ies.
Fas - ten seat - belts, no smok - ing, please.
A♭6
Fm7
A♭/B♭
Fm7
Four min - utes more, we'll be there at the air - port of Ga - le - ão,
Now we're de - scend - ing and ev - 'ry - thing's rush - ing, and now the wheels

Portuguese Lyrics

Minha alma canta. Vejo o Rio de Janeiro.
Estou morrendo de saudade.
Rio, teu mar, praias sem fim,
Rio, você foi feito pra mim.
Cristo Redentor, braços abertos sobre a Guanabara.
Este samba é só porque,
Rio, eu gosto de você.
A morena vai sambar,
Seu corpo todo balançar.
Rio de sol, de céu, de mar,
Dentro de mais um minuto estaremos no Galeão.
Cristo Redentor, braços abertos sobre a Guanabara.
Este samba é só porque,
Rio, eu gosto de você.
A morena vai sambar,
Seu corpo todo balançar.
Aperte o cinto, vamos chegar.
Agua brilhando, olha a pista chegando,
E vamos nós,
Aterrar.

SONG OF THE SABIÁ
(Sabiá)

English Words by NORMAN GIMBEL
Music by ANTONIO CARLOS JOBIM
Original Portuguese Lyric by CHICO BUARQUE DE HOLLANDA

Cm7 Cm7/B♭ Adim7 A♭dim7 E♭6 E♭dim7 Fm7/E♭ Fdim7/E♭
á. I'll go back. I know now that
G♭6 Adim/G♭ A♭m7 D♭7♭9 F♯m C♯m/E
I'll go back. I will lie in the shad - ow of a
E♭m7 A♭7♭9 D♭m A♭7♭9 D♭m F♯7♭9
palm that's no long - er there, and pick a flow'r that does-n't
Bm F♯7♭9 Bm7 Esus C♯7/E♯ F♯m F♯m/E♯
grow. And may-be some - one's love will speed the night, the

Am/E Am7♭5/E♭ D7 B♭m6/D♭ Gm7/C C7 A♭m6/C♭ Fm7/B♭
lone - ly, un - want - ed night, that may bring me to the
A♭m6/B♭ B♭13 E♭6 E♭dim7 Fm7/E♭ Fdim7/E♭
new day. I'll go back. I know now that
rit.
a tempo
E♭m E♭m7 A♭m7 D♭9 G♭maj9 G♭9
I'll go back. They were not in vain, all the plans I
C♭maj9 A♭m7 E♭m7 G♭7/D♭ C♭maj7 A♭m7
made to de - ceive my - self, all the roads I made just to lose my -

E♭m A♭m7 E♭m7 A♭m7 E♭m A♭m7
self, all the love I made to for - get my - self, all mis - takes I
E♭m7 A♭m7 E♭m B♭7♯5/E♭
D.S. al Coda
made just to find my - self.
CODA
Cm7 Cm7/B♭ Adim7 A♭dim7 Cm
á, of the Sa - bi - á.
B♭sus2/C

SWAY
(Quién Será)

English Words by NORMAN GIMBEL
Spanish Words and Music by PABLO BELTRÁN RUIZ

F♯dim7 B7 F♯dim7 B7 Em
in the breeze, bend with me, sway with ease.
dré en - con - trar. Yo no sé, yo no sé.
C9♯11 C9 B9 C9♯11 C9 B7♭9
When we dance you have a way with me, stay with me,
Yo no sé si vol - ve - ré a que - rer. Yo no sé,
Em6 B7♭9 Em6 G6/B B♭dim7 D7/A D7
sway with me. Oth - er danc - ers may be on the floor, dear, but my eyes will
yo no sé. He que - ri - do vol - ver a vi - vir la pa - sión y el ca -
G B7 F♯dim7 B7
see on - ly you. On - ly you have that mag - ic tech - nique, when we sway I grow
lor de o - tro a - mor, de o - tro a - mor que me hi - cie - ra sen - tir, que me hi - cie - ra fe -

Em C9 B7♭9 Em F♯dim7 B7 F♯dim7 B7
weak. I can hear the sound of vi - o - lins, long be-fore
liz. Co-mo a-yer lo fuí. Quién se - rá la que me quie-ra a mí? Quién se - rá?
Em C9♯11 C9 B9
it be - gins.
Quién se - rá?
Make me thrill as on - ly you know how,
Quién se - rá la que me dé su a - mor?
C9♯11 C9 B7♭9
sway me smooth,
Quién se - rá?
1
Em6 B7♭9 Em6 Em Em♯5 Edim Em
5fr
sway me now.
Quién se - rá?
When ma - rim - ba rhy - thms
Quién se - rá la que me
2
Em6 B7♭9 Em6 Em C F♯m7♭5 B7 Em
4fr
sway me now.
Quién se - rá?
Sway me smooth, sway me now.
Quién se - rá? Quién se - rá?

TRISTEZA
(Goodbye Sadness)

Music by HAROLDO LOBO
Portuguese Words by NILTINHO
English Words by NORMAN GIMBEL

Dmaj7
D6
D7
Fez do meu co - ra - ção a su -
G
Gm
3fr
D
- a mo - ra - di - a, já é de - mais o meu pe - nar.
Dmaj7
B7
Em
Que - ro vol - tar a - que - la vi - da de a - le - gri -
A7
D
D7♭9
4fr
- a. Que - ro de no - vo can - tar. La, ra, ra,

G6
Gm
C9
D
ra,
la, ra, ra, ra, ra, ra, ra,
B7
Em
la, ra, ra, ra, ra, ra, ra,
A7
To Coda
1, 3
D
D7♭9
2
D
que - ro de no - vo can - tar.
La, ra, ra,
D.S. al Coda
(with repeat)
Tris -
CODA
D
C7
D6

WAVE
(Vou Te Contar)

Words and Music by
ANTONIO CARLOS JOBIM

1
2
Bm7/E E7 B♭9 A7 Dm7 G
- li - ness goes __ when - ev - er two can dream a dream to - geth - er. ___
Dm7 G Dm7 G Dm7 G
___ You can't de - - er. ___
Gm7 C9/B♭ Am7
When I saw you first, the time was half past three. ___
A♭/B♭ 4fr B♭9/A♭
___ When ___ your eyes met mine, it was e -

Gm7
A7♯5(♭9)
5fr
Dmaj9
4fr
ter - ni - ty. By now we know the
B♭dim7
Am7
D7♭9
4fr
wave is on its way to be. Just catch the wave;
Gmaj7
Gm6
3fr
F♯13
F♯7♯5
don't be a - fraid of lov - ing me.
B9
B7♭9
Bm7/E
E7
B♭9
A7
The fun - da - men - tal lone - li - ness goes when - ev - er two can dream a dream to - geth -

Portuguese Lyrics

Vou te contar, os olhos já não podem ver,
Coisas que só o coração pode entender.
Fundamental é mesmo o amor,
É impossível ser feliz sozinho.

O resto é mar, é tudo que não sei contar.
São coisas lindas, que eu tenho pra te dar.
Vem de mansinho abrisa e mediz,
É impossível ser feliz sozinho.

Da primeira vez era a cidade,
Da segunda o cais e a eternidade.

Agora eu já sei, da onda que se ergueu no mar,
E das estrelas que esquecemos de contar.
O amor se deixa surpreender,
Enquanto a noite vem nos envolver.

LA SERIE ¡PURA!

This exciting series profiles the many styles of Latin music. Each folio contains 25 top hits from its specific genre for piano/vocal/guitar. $14.95 each!

PURA BACHATA

Inviting collection of 25 love songs set to bachata, a highly popular rhythm from the Dominican Republic that features gentle percussion fills and tinkly guitar lines. Includes: Aquí Conmigo • Dos Locos • Tú Eres Ajena • Yo Sí Me Enamoré • Extraño A Mi Pueblo • Se Fue Mi Amor • and more.

00310946 Piano/Vocal/Guitar $14.95

PURO MERENGUE

This foremost collection contains a bevy of 25 sizzling fan favorites, including: Suavemente • Tu Sonrisa • Bajo La Lluvia • Pégame Tu Vício • Yo Te Confieso • Cuando Acaba El Placer • Bandida • Corazon De Mujer • El Tiburón • La Ventanita • Mi Reina • Niña Bonita • and more.

00310948 Piano/Vocal/Guitar $14.95

PURA CUMBIA

First-rate compendium spotlighting Colombia's famous lilting groove. 25 songs, including: La Pollera Colerá • Mete Y Saca • A Mi Dios Todo Le Debo • Tabaco Y Ron • Cumbia De Mi Tierra • Distancia • Guepaje • La Oaxaqueña • Luz De Cumbia • Maruja • Soledad • and more.

00310947 Piano/Vocal/Guitar....................................$14.95

PURO TEJANO

Tejano evergreens by Los Kumbia Kings and Selena headline this exclusive set. 25 songs, including: SSHHH!! • Amor Prohibido • Azúcar • Como Flor • Boom Boom • Fotos Y Recuerdos • Baila Esta Cumbia • Costumbres • Me Estoy Enamorando • Te Quiero A Tí • and more.

00310950 Piano/Vocal/Guitar....................................$14.95

PURA SALSA

A peerless collection of 25 salsa chestnuts, including: A Puro Dolor • Pena De Amor • Celos • Déjate Querer • No Morirá • Qué Hay De Malo • Si La Ves • Una Aventura • Cuando Faltas Tú • Micaela • Por Ese Hombre • Tu Recuerdo • and more.

00310949 Piano/Vocal/Guitar....................................$14.95

PURO VALLENATO

Kinetic, accordion-powered classics from Colombia's Atlantic coast. 25 songs, including: Déjame Entrar • El Santo Cachón • Fruta Fresca • Alicia Adorada • No Pude Quitarte Las Espinas • Aquí Conmigo • Embrujo • Festival En Guararé • La Patillalera • Luna Nueva • Pedazo De Acordeón • Tierra Mala • and more.

00310951 Piano/Vocal/Guitar....................................$14.95

Prices, contents, and availability subject to change without notice.

For More Information, See Your Local Music Dealer,
Or Write To:

HAL•LEONARD® CORPORATION

7777 W. Bluemound Rd. P.O. Box 13819 Milwaukee, WI 53213

Visit Hal Leonard online at www.halleonard.com